Gustare il Sudtirolo

Heinrich Gasteiger
Gerhard Wieser
Helmut Bachmann

33 X Canederli

CASA EDITRICE ATHESIA | BOLZANO-BOZEN

Con il gradito sostegno di DESPAR

CARE LETTRICI, CARI LETTORI,

siamo felici che abbiate scelto un libro della nostra collana dedicata ai piaceri della cucina «Gustare il Sudtirolo». Per poter soddisfare ancor meglio i vostri desideri, per noi è importante conoscere la vostra opinione. Per questo vi preghiamo di inviarci i vostri pareri, le vostre critiche, il vostro apprezzamento e anche domande relative ai nostri libri. Siamo in attesa dei vostri messaggi!

fax +39 0471 976854 · info@so-kocht-suedtirol.it · www.so-kocht-suedtirol.it

IMMAGINI DI COPERTINA

Titolo: canederli al formaggio

Sul retro: canederli pressati in zuppa di cipolla e canederli integrali ai fichi con croccante alle mandorle

AUTORI DELLE IMMAGINI

Helmut Bachmann: pagina 41

EOS / Frieder Blickle: pagina 11 destra

foto focus, Brixen: pagina 11 in alto, 15

Daniela Kofler: pagina 7, 8 in alto, 10, 13, 21, 45, 49, 53, 59, 67, 69

Günther Neumair, ganeshGraphics: copertina

Günther Picher, Eggen, www.gpichler.com: pagina 79

Tutte le altre immagini sono di Simone Zöggeler, www.dariz.com

COLOFONE

Ottobre 2009

Titolo dell'edizione originale: «So genießt Südtirol – 33 x Knödel»

Traduzione dal tedesco: Andrea Bovo

Progetto di copertina: ganeshGraphics, Lana

Realizzazione grafica: Casa Editrice Athesia, Ulrike Teutsch

Stampa: Stabilimento Grafico Athesiadruck, Bolzano-Bozen

ISBN 978-88-8266-560-9

www.athesialibri.it

buchverlag@athesia.it

Un saluto dalla nostra cucina gourmet

«33 x canederli» della collana «Gustare il Sudtirolo» è un libro sulla cucina sudtirolese di oggi con ricette di canederli adatte per tutti i giorni, ma anche per occasioni particolari.
Il gusto è un senso composito e cucinare ha molto a che fare con la sensibilità, che del resto può essere appresa.
Ecco che allora questo libro contiene, oltre alle ricette, anche alcuni preziosi suggerimenti, trucchi e astuzie dato che in definitiva determinate conoscenze sono il presupposto per avere dei buoni risultati in cucina. E ciò vale tanto per professionisti quanto per appassionate e appassionati ambiziosi.
Per realizzare il libro abbiamo raccolto quelle che a nostro parere sono le migliori ricette di canederli e ve le presentiamo: canederli ai funghi, al formaggio o all'ortica dal sapore deciso, canederli dolci alle albicocche, alle prugne e fragole. Ma trovano posto anche varianti più rustiche come i canederli al fegato, alle patate, al grano saraceno, al pane di segale o integrali. Con un gulasch, un ragù o con dei finferli si abbinano bene i diversi tipi di canederlo al tovagliolo o di magro. Inoltre i canederli possono fungere anche da piatto unico servito con delle insalate in foglia, delle erbette o dell'insalata di cavolo.
Abbiamo realizzato personalmente tutte le ricette così da poter dare anche a chi si cimenta per la prima volta con i canederli la garanzia di una perfetta riuscita. O, detto altrimenti, in modo da offrire una realtà a tutto tondo.
Saremmo particolarmente felici se questo libro potesse diventare un prezioso consigliere per la vostra cucina di tutti i giorni.
I vostri autori

Helmut Bachmann Gerhard Wieser Heinrich Gasteiger

Indice

La buona cucina sudtirolese

Sono le particolarità di un territorio, per quanto concerne l'utilizzo di prodotti e le abitudini alimentari, che rendono la sua cucina assolutamente interessante e inconfondibile. Il presupposto per una cucina regionale di livello sono i **prodotti freschi** delle aziende agricole che si contraddistinguono per cicli economici ridotti, brevi distanze, varietà nelle tipologie, sistemi di controllo trasparenti ed un alto valore nutrizionale. Chi condivide questa filosofia può curare personalmente il contatto con i rispettivi fornitori e produttori prendendo così in mano la qualità della propria cucina. I piatti presentati in questo libro hanno perciò un forte legame con le radici del territorio, ma al tempo stesso sono esposti agli influssi della tradizione gastronomica mediterranea e soddisfano pure i criteri della cucina moderna. Inoltre, con l'aiuto di questo libro, forse riusciremo anche a riportare in tavola piatti tradizionali che ormai erano stati quasi dimenticati.

Storia e storie attorno al canederlo tirolese

Alla domanda su quale sia il *piatto tirolese tipico*, molti risponderebbero certo menzionando i canederli. Pochi però sanno cosa hanno in comune il canederlo tirolese e una cappella del Sudtirolo. La **cappella del castello di Appiano** (Burgkapelle di Hocheppan) nei pressi di Bolzano ospita un singolare ciclo di affreschi risalenti al 1180. Un particolare mostra la puerpera Maria. La levatrice è ai fornelli e guardare un po',

Se dobbiamo credere all'affresco, i canederli c'erano già nel 1180.

nella pentola cuociono cinque canederli. Con la mano destra la levatrice ha infilzato un canederlo con la forchetta e lo infila in bocca per assaggiarlo. Tuttavia non sappiamo quali fossero gli ingredienti dei canederli nel 1180.

Riguardo all'**origine del canederlo tirolese** si racconta un curioso aneddoto: dei lanzichenecchi attraversando il Tirolo, affamati come orsi, sarebbero entrati in un'osteria. L'oste avrebbe dovuto servire loro del cibo nel più breve tempo possibile altrimenti avrebbero distrutto tutto. La dispensa però ormai era ridotta all'osso. Allora nella disperazione prese tutto quello che le era rimasto, tagliò dello speck, del salame e del pane raffermo a dadini, impastò il tutto con latte e farina, formò delle semplici palline e le mise nell'acqua bollente e dopo una mezz'ora scarsa servì in tavola alla banda affamata una ciotola con questa pietanza, figlia di una situazione così difficile. I lanzichenecchi – così narra la storia – ne rimasero molto entusiasti. E così ebbe origine lui, il canederlo tirolese.

Il vero terreno d'origine è da ricercare nella dura vita imposta dalla montagna che rese i contadini creativi. I contadini erano autarchici. Probabilmente hanno impastato tutto ciò che offriva la loro dispensa dandogli la forma del canederlo. Il contadino aveva dei campi coltivati a cereali, aveva la macina nel maso per la farina, aveva lo speck e pollame e bovini gli davano uova e latte.

LA VOCE DELLA TRADIZIONE POPOLARE

È consuetudine dire che i canederli vanno mangiati appena pronti. **Guai all'ospite che faccia aspettare la cuoca o il cuoco.** Una vecchia tradizione dice che il primo canederlo si mangia in brodo, il secondo con crauti stufati, il terzo con della carne salata e il quarto canederlo con dell'insalata.

Canederli e «Törggelen»

Quella del «Törggelen» è un'antica tradizione dell'autunno in Sudtirolo. La parola deriva dal concetto del **«Torggl»** (torchio per il vino, torchio per l'uva) e sta a significare l'assaggio del vino nuovo, del **novello** (Nuien) – altrove detto anche **dolce** (Sußer) o **bianco della spina** (Federweißer) – nel suo luogo d'origine, dunque nelle cantine dei vignaioli. Il «Törggelen« è molto amato anche al di là dei confini della nostra terra ed ogni autunno attira migliaia di estimatori provenienti dal Tirolo del nord e dalla Germania del sud. Anche nell'Italia del nord è diffuso un uso simile, quello della **castagnata.**
Al giorno d'oggi questa occasione conviviale si celebra dall'inizio di ottobre fino quasi alle festività natalizie. Questa tradizione

è diffusa soprattutto in Val d'Isarco e nel Burgraviato. Il vino nuovo si accompagna con caldarroste, speck, formaggio di malga, pane di segale duro (Schüttelbrot) e noci come pure con i prodotti freschi di maiale: salsicciotti della casa (Hauswürste) con crauti, **canederli,** profumate e saporite costolette di maiale o carne salmistrata (G'surtes) con patate arrosto, arrosto di montone alla contadina (di agnello) oppure una zuppa d'orzo con carne affumicata.

Canederli allo speck pronti per essere cotti

Piatti della tradizione come alternativa

Negli ultimi anni un po' ovunque è rinato un grande interesse per la cucina semplice e naturale. Sempre più spesso oggi si utilizzano prodotti di territorio. Ecco spiegato allora il crescente gradimento per i mercati dei contadini. La cucina povera sudtirolese utilizza prodotti genuini come speck, burro, ricotta d'affioramento, formaggio, latte, verdura, erbe aromatiche, frutta, bacche e miele – prodotti che tra il resto costituiscono anche la base per l'una o l'altra variante dei canederli.

La tipica cucina contadina: ad essa appartengono ad esempio i canederli di grano saraceno (polenta nera), gli gnocchi di formaggio, i canederli allo speck. I «Plattln» di patate (tipo di frittella salata) con insalata di cavoli affettati, il «Vormas» (tipo di colazione) tirolese, il «Tirtl» della Val Pusteria (altro tipo di frittella salata), le mezzelune ripiene agli spinaci e ricotta («Schlutzer»), la pasta al sangue, il montone alla contadina, gli Strauben (dolce di pastella fritta), i Krapfen di papavero della Val d'Ultimo, gli gnocchetti di spinaci di Fié sono altri piatti tipici della cucina contadina.

Documenti storici: antiche ricette e annotazioni sono sicuramente documenti molto interessanti per la ricerca storica, tuttavia la tradizione culinaria autentica non viene tramandata con la penna, ma con il naso e il palato della gente che imparava stando ai fornelli e che era in grado di affinare quanto appreso e di trasmetterlo alle generazioni future. Tutto questo accadeva soprattutto nelle osterie.

La gastronomia del Sudtirolo e la sua peculiarità: la peculiarità della gastronomia sudtirolese consiste in un antagonismo determinato da particolari circostanze geografiche, politiche e storiche e non da quello che si instaura invece tra diverse tipologie di ristoranti e alberghi come altrove. Qui l'antagonismo è tra due culture, quella mediterranea del sud e l'arte gastronomica alpino-continentale.

Canederli allo speck su insalata
(ricetta a pag. 14)

«Knödel, Nocken, Nudel, Plenten
sind die vier Tiroler Elementen.»

«Canederli, gnocchi, pasta e polenta sono i quattro elementi tirolesi», dice una voce dell'antica saggezza popolare.

Pietanze a base di canederli

I buoni canederli hanno una consistenza morbida, ma non tanto da sfaldarsi con la cottura. I canederli sono amati soprattutto in Sudtirolo e in Austria. Nella cucina della Germania meridionale i canederli sono chiamati «Klöße» (gnocchi).

Canederli e Speck

Tra le tante specialità della cucina sudtirolese, quella che per prima merita di essere nominata con il suo particolare aroma è senza dubbio lo speck.
È una scoperta dei nostri antenati quella di poter preservare la carne fresca dalla troppo repentina putrefazione esponendola al fumo del focolare. La salatura e l'affumicatura sono infatti antichi metodi di conservazione della carne. Soprattutto per gli strati della popolazione più poveri poi, i **salamini affumicati** o lo **speck** rappresentavano spesso l'unica possibilità di avere in tavola ogni tanto anche nei mesi invernali quella necessaria fonte vitale d'energia che è un pezzo di carne.
Oggi il contadino produce il suo speck solo per il proprio consumo, mentre numerose aziende industriali producono in Sudtirolo speck per il mercato europeo. Lo speck, tra i prodotti contraddistinti dal marchio «Südtirol», ha senza dubbio una posizione di vertice. Trova impiego in molti piatti perché con il suo aroma e il suo delicato sapore affumicato conferisce alle pietanze quella nota inconfondibile. In questo libro presentiamo alcune ricette di canederli con speck come ad esempio **canederli allo speck, canederli al semolino e speck, canederli al grano saraceno** e **speck e canederli con insalata di cappucci e speck.**

Canederli come primo piatto o in brodo

Una delle tipologie di canederli più famose è il **canederlo di speck sudtirolese.** Esso di solito viene servito in brodo di carne con

La rosolatura dei canederli pressati
(ricetta a pag. 30)

L'impasto per i canederli «al tovagliolo» a base di pane per canederli, uova, latte erbe aromatiche e sale.

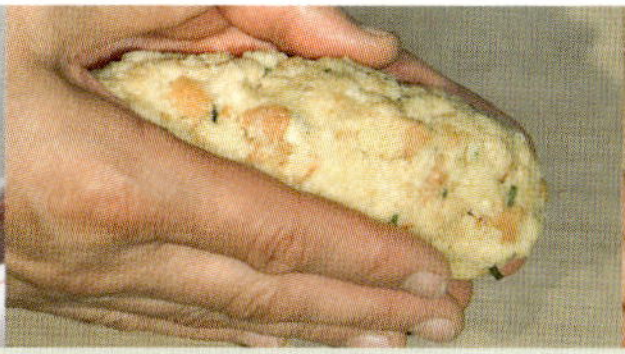

Preformare l'impasto con le mani inumidite ottenendo una forma oblunga.

Avvolgere i canderli in pellicola trasparente e foglio d'alluminio; poi cuocerli. Possono essere avvolti anche in un tovagliolo.

erba cipollina oppure come piatto a sé con dell'insalata.
Anche i **canederli al fegato, al semolino e al grano saraceno** vengono serviti in brodo. I canederli pressati si mangiano spesso con del cappuccio o della rapa bianca tritata stufati, oppure nella zuppa di cipolle.

Canederli come piatto unico

Canederli di patate: in base al tipo di preparazione, si distinguono canederli a base di *patate lessate*, a base di *patate crude* e a base di *patate crude e lessate*. Questa tipologia di canederli è adatta come contorno per arrosti con salse, gulasch di manzo o vitello e con un ragù di vitello accompagnato da insalata oppure con una salsa di funghi.
Canederli di grano saraceno (polenta nera): l'impasto per questo canederlo in genere viene preparato con una parte di pane, una di polenta nera (denominazione con cui in Sudtirolo si intende grano saraceno), porro, prezzemolo, erba cipollina e Graukäse del Sudtirolo oppure speck. Un piatto rustico, ma anche delicato ad esempio combinato con del porro o delle verdure stufati.

I canederli devono risultare lisci in superficie come si vede a destra.

Canederli di funghi porcini: la stagione dei funghi freschi (porcini, gallinacci, shiitake, champignon, spugnole) è un'occasione da non perdere anche nella preparazione dei canederli, dato che l'aroma dei funghi freschi si armonizza bene con i canederli. Lasciando da parte i tartufi e le spugnole, i porcini sono sicuramente i migliori funghi per tali pietanze. Quando non è stagione si può ricorrere a funghi secchi. Questi hanno un sapore talmente concentrato che in piccole quantità possono essere utilizzati come spezia. Tuttavia non sono mai un sostituto per i funghi freschi.

Canederli come contorno

Canederli di pane/canederli di magro: vengono preparati con pane raffermo (rosetta, filone).
Canederli «al tovagliolo»: sono particolarmente morbidi se all'impasto si unisce il tuorlo d'uovo mescolato a schiuma con il burro. Solitamente i canederli vengono serviti accompagnati da

Canederli ed i loro abbinamenti

Canederli in brodo	Insalate di canederli	Insalate per canederli	Canederli al formaggio
Canederli di speck Canederli al fegato Canederli al semolinvo Canederli al grano saraceno	Insalata di canederli Brezel di canederli	Insalata di cappuccio Insalata di rapa bianca Insalata in foglia	Canederli al Graukäse Canederli pressati Canederli alla ricotta
Canederli alla verdura	**Salse per canederli**	**Canederli come contorno**	**Canederli dolci**
Canederli alle verdure Canederli ai porcini Canederli alla rapa	Salsa alle erbe Salsa al formaggio Salsa ai gallinacci Panna al pomodoro	Canederli «al tovagliolo» Canederli di magro	Canederli alle albicocche, alle prugne, alle fragole, alle mele, alla ricotta, al semolino, lievitati

molta salsa. I canederli «al tovagliolo» si possono gustare anche puri – tagliati a fette e serviti con un po' di formaggio grana grattugiato, erba cipollina e burro rosolato. Sono però il contorno ideale per piatti di carne come un brasato di manzo, gulasch di manzo, ragù di cervo, arrosto di capriolo o anche frattaglie alla viennese. Da non dimenticare infine anche i gallinacci e i porcini alla panna con i quali questi canederli si sposano perfettamente.

Canederli alla frutta

Estremamente amati sono poi i canederli alla frutta, dunque i canederli dolci che solitamente vengono serviti avvolti di dolci briciole di pane tostate e su salsa alla vaniglia. Il loro impasto è a base di patate o di ricotta. Piccole porzioni di tale impasto vengono usate per avvolgere della frutta come per esempio albicocche, mele, prugne, fragole o ciliegie; il tutto infine viene fatto sobbollire in acqua salata oppure fritto. Per fare dei canederli alla frutta buoni e saporiti occorre la frutta giusta: fresca e profumata.

Albicocche: *da che cosa si riconoscono le buone albicocche?* Frutti non ancora maturi sono acidi e privi di un loro sapore. Al contrario albicocche mature e saporite hanno talvolta delle macchioline rosse e la pelle profumata. Decisiva è però anche la consistenza della polpa. Se è troppo morbida, l'albicocca lascia una sensazione di farinoso in bocca. Albicocche troppo dure possono a loro volta deludere perché dopo essere state raccolte non maturano. Le albicocche devono essere conservate al fresco e consumate quanto prima.
Prugne: *qual è l'aspetto ideale della prugna per canederli?* Le prugne devono avere un aspetto pieno e sodo senza spaccature o grinze sulla pelle. La loro polpa soda,

Canederli alle albicocche

Tutti gli impasti per canederli si prestano anche per preparare degli gnocchi

aromatica e piacevolmente acidula rende le prugne particolarmente adatte per canederli alla frutta.

Fragole: *quali sono le fragole più saporite?* Le migliori sono quelle piccole a patto che naturalmente abbiano raggiunto la loro maturazione ottimale. E questa è facile da riconoscere: le fragole mature sono prive di macchioline bianche o verdi, sono di un colore rosso intenso e invitanti grazie al loro delicato profumo.

Mele: *si può riconoscere la qualità di una mela dal suo colore?* Il colore di una mela dice poco circa la sua qualità e il suo sapore. Le mele mature si riconoscono dall'ampiezza e profondità della fossetta del calice. Se questa non è ben pronunciata probabilmente le mele sono state raccolte ancora immature. Senza che l'aroma e le vitamine potessero svilupparsi pienamente. Al momento dell'acquisto fate attenzione alla provenienza. Una mela fresca, di produzione locale è da preferire in ogni caso ad un esemplare che viene da molto lontano.

SUGGERIMENTO

Se si vogliono ottenere dei canederli di ricotta veramente perfetti, allora bisogna usare solo della ricotta molto asciutta (quark/ricotta d'affioramento). A tale scopo si può far sgocciolare la ricotta in un setaccio o in una garza.

La scelta del vino

Il «piatto nazionale» del Sudtirolo, ovvero i canederli allo speck, si abbina al «vino nazionale», vale a dire un bicchiere di Schiava o di S. Maddalena. Anche un Pinot Nero però potrebbe piacere. Altrettanto bene con questa delizia rotonda va la tipologia autoctona del Sudtirolo (presente solo da noi), il Lagrein; in questo caso possiamo avvicinarlo ai canederli pensando a sapori un po' più rustici come quelli dei canederli al fegato, ai funghi o al formaggio. I canederli dolci come quelli alle albicocche, prugne e fragole trovano il loro partner ideale in un vino da dessert sudtirolese, austriaco o germanico che avendo note di profumo e sapore simili può creare una perfetta armonia.

Il vino «Sankt Magdalener» si sposa molto bene con dei piatti a base di canederli salati.

Canederli alle ortiche su insalata di cavolo

PER 4 PERSONE, 12 CANEDERLI CIRCA

Canederli alle ortiche

- 150 g pane bianco raffermo o pane da canederli
- 100 ml latte
- 100 g formaggio (formaggio di montagna, Graukäse, Tilster o Gorgonzola)
- 100 g ortiche, lessate e tritate finemente
- 2 uova
- 1 C farina
- 100 g burro per rosolare

Insalata di cavolo

- ½ kg cavolo bianco (cappuccio)
- sale
- 3 C aceto di vino bianco
- 4 C olio
- pepe bianco appena macinato

Anelli di cipolla fritti

- 1 cipolla grande
- farina per spolverizzare

Altro

- 4 C formaggio grana grattugiato
- 4 C burro rosolato
- foglioline di prezzemolo
- olio per friggere

Canederli alle ortiche: 10 minuti circa

Canederli alle ortiche

- Tagliare il pane a dadini e metterlo in una ciotola. Riscaldare il latte, grattugiare o tagliare a dadini il formaggio e mescolarlo al pane. Unire al pane anche le ortiche, le uova, la farina e il sale.
- Impastare bene il tutto e poi far riposare per 15 minuti.
- Formare dei canederli e poi pressarli con la mano. Riscaldare il burro in una padella e rosolarvi da entrambi i lati i canederli fino a quando avranno un bel colore marroncino.
- Nel frattempo portare ad ebollizione abbondante acqua in una pentola, salare e cuocervi i canederli per 10 minuti circa.

Insalata di cavolo

- Mondare il cappuccio delle foglie esterne, tagliare in quattro parti la testa del cappuccio e privarla dello stelo. Tagliare molto finemente o affettare e cuocere brevemente in acqua salata.
- In una ciotola condire il cappuccio caldo con il sale, l'aceto di vino bianco, olio, pepe e mescolare.

Anelli di cipolla fritti

- Pelare la cipolla, tagliare a fettine non troppo sottili in modo da ottenere dei grandi anelli, passare nella farina e facendo cadere quella in eccesso.
- Friggere la cipolla in olio caldo fino a che abbia un bel colore dorato, far sgocciolare su carta da cucina e salare leggermente.

Ultimazione

- Disporre sul piatto il cappuccio, adagiarvi sopra il canederlo alle ortiche, cospargere con formaggio grana grattugiato ed irrorare con burro rosolato. Servire con gli anelli di cipolla e foglioline di prezzemolo.

SUGGERIMENTO

Per 100 g di ortiche cotte avete bisogno di circa 200 g di crude.

Canederli di speck con insalata in foglia

PER 4 PERSONE, 12 CANEDERLI CIRCA

Ingredienti

150 g	pane bianco raffermo o pane per canederli
½	cipolla
1 C	burro
2 C	farina
80 g	speck, tagliato a dadini
100 ml	latte o acqua
2	uova
1 C	prezzemolo o erba cipollina, tagliati finemente
	sale

Condimento

20 ml	aceto di vino bianco
2 C	acqua
	sale
	pepe appena macinato
50 ml	olio d'oliva

Altro

120 g	insalate in foglia come lattughella, frisée, radicchio
4	rapanelli, tagliati sottili
1 C	erba cipollina, tagliata finemente, per cospargere

Canederli: 15–20 minuti

Preparazione

- Tagliare il pane a dadini.
- Stufare nel burro la cipolla tagliata a dadini, versarla sopra il pane e mescolare.
- Incorporare la farina e lo speck.
- Mescolare il latte o l'acqua, le uova, il prezzemolo e il sale, versare il tutto sul pane e impastare bene tutto.
- Far riposare l'impasto per 15 minuti circa, formare dei canederli e cuocerli in acqua salata con la pentola semicoperta.

Condimento

- Mescolare l'aceto di vino bianco e l'acqua con il sale e il pepe, poi unire l'olio mescolando energicamente.

Ultimazione

- Disporre i canederli sul piatto con i ciuffetti d'insalata e radicchio conditi, l'erba cipollina e servire.

VARIAZIONE

Insalata di canederli: tagliare i canederli allo speck cotti e raffreddati a fette e aromatizzarli con il condimento e 50 g d'anelli di cipolla, servire con l'erba cipollina e le insalate in foglia. Al posto dei canederli allo speck potete usare anche dei canederli «al tovagliolo» (vedi pag. 52).

SUGGERIMENTI

1. *Usate del pane per canederli ben asciutto e fate riposare bene l'impasto.*
2. *Se formate i canederli con un cucchiaio o con un piccolo mestolo, la loro superficie è più liscia e si manterranno più integri durante la cottura.*
3. *Se lo preferite potete anche arrostire lo speck.*
4. *Servite i canederli allo speck in un saporito brodo di carne oppure come accompagnamento per un arrosto di maiale (costolette), della selvaggina, uno stufato, spezzatino del contadino, gulasch di manzo oppure infine con un'insalata di cappucci.*

Canederli ai ‹Brezen› con testina di vitello

PER 4 PERSONE

Canederli ai «Brezen»

200 g	di brezen al lievito di birra o pane al lievito di birra raffermi
50 g	cipolla
2 C	olio
100 g	burro ammorbidito
2	uova
1	tuorlo
150 ml	latte
2 C	prezzemolo, tagliato finemente
	sale
	pepe appena macinato
2 C	farina

Condimento al pomodoro

1 C	cipolla
100 g	dadini di pomodoro
2 C	olio d'oliva
1 C	aceto di mele
	sale
	pepe appena macinato

Altro

	burro per rosolare i canederli
4	fette di testina di vitello
	lattughella per guarnire

Canederli ai «Brezen»: 20 minuti circa

Canederli ai «Brezen»

- Tagliare a dadini i brezen o i panini al lievito di birra.
- Pelare la cipolla, tagliarla a dadini piccoli e rosolarla nell'olio.
- Lavorare a crema il burro ammorbidito, unire le uova ed il tuorlo e mescolare bene.
- Unire alla crema di burro e uova il pane brezen, la cipolla, il latte con il prezzemolo, il sale e il pepe.
- Aggiungere anche la farina e mescolare fino ad ottenere un impasto liscio.
- Far riposare l'impasto per 10 minuti.
- Versare l'impasto su pellicola trasparente, formare un rotolo del diametro di 4 cm, avvolgere nuovamente con un foglio d'alluminio compattando il tutto ed infine far cuocere in acqua salata.

Condimento al pomodoro

- Mescolare la cipolla con i dadini di pomodoro, l'olio d'oliva e l'aceto di mele ed infine aromatizzare con sale e pepe.

Ultimazione

- Togliere dall'acqua il canederlo, liberarlo dagli avvolgimenti, tagliarlo a fette e rosolarlo brevemente nel burro.
- Servire le fette di canederlo con la testina di vitello tiepida, il condimento al pomodoro e lattughella.

SUGGERIMENTI

1 *Servite i canederli ai brezen come contorno per un gulasch o un ragù di selvaggina oppure in insalata.*

2 *Al posto del pane brezen (al lievito di birra) potete usare del pane da canederli o del pane nero.*

3 *Il canederlo al brezen può essere cotto anche al vapore.*

Gnocchi ai porcini

PER 4 PERSONE, 12 GNOCCHI CIRCA

Gnocchi ai porcini

200 g	pane bianco raffermo o pane da canederli
150 g	porcini freschi oppure 20 g di porcini secchi
½	cipolla (40 g)
1	spicchio d'aglio
2 C	burro
2 C	prezzemolo
1 C	erba cipollina, tagliata finemente
	sale
	pepe appena macinato
100 ml	latte
3	uova
2 C	farina

Altro	erbe aromatiche come rucola, lattughella, pimpinella, crescione (crescione cappuccino)
	fette di porcino crudo
	fette di speck arrostite
	dadini di pane arrostiti
	olio d'oliva, succo di limone, sale e pepe per condire
	lamelle di formaggio grana

Gnocchi ai porcini: 15 minuti circa

Gnocchi ai porcini

- Tagliare il pane a dadini.
- Pulire i funghi e tagliarli a dadini.
- Pelare la cipolla e l'aglio e tagliarli finemente. Stufare nel burro, unire i funghi e continuare la cottura. Insaporire con il sale, il pepe e il prezzemolo e l'erba cipollina tagliati finemente.
- Amalgamare il tutto al pane.
- Sbattere il latte con le uova e unire all'impasto.
- Unire la farina e mescolare.
- Far riposare l'impasto coperto per 15 minuti circa.
- Formare dei piccoli gnocchi con le mani inumidite o con un cucchiaio.
- Portare ad ebollizione abbondante acqua salata e cuocervi gli gnocchi ai porcini.

Ultimazione

- Mescolare le erbe aromatiche, i porcini, lo speck, i dadini di pane e condire con l'olio d'oliva, il succo di limone, il sale e il pepe; distribuire quest'insalata sugli gnocchi ai porcini e servire.

SUGGERIMENTI

1. *Potete servire gli gnocchi su una delicata salsina alla panna, su un ragù di funghi oppure semplicemente con del formaggio fuso con burro rosolato.*
2. *Sono adatti anche come accompagnamento per piatti di selvaggina.*
3. *Al posto dei porcini potete usare anche dei gallinacci (finferli).*

Gnocchi di semolino in brodo

PER 4 PERSONE, 8 GNOCCHI CIRCA

Brodo di carne

500 g	osso di manzo
300 g	carne magra di manzo (da brodo), petto o coscia
300 g	verdure da brodo: 1 cipolla con la pelle, 1 carota, ½ pomodoro, 50 g gamba di sedano, 30 g porro
3 l	acqua
	spezie: ½ foglia di alloro, 4 grani di pepe schiacciati, 1 spicchio d'aglio, stelo di prezzemolo, sale

Gnocchi di semolino

60 g	burro
	sale
1 p.	noce moscata
1	uovo (60 g)
120 g	semolino

Altro erba cipollina per guarnire

Brodo di carne: 2 ore
Gnocchi: 25 minuti circa

Brodo di carne

- Far bollire per 10 minuti le ossa di manzo per pulirle.
- Mettere le ossa ripulite in acqua fredda e portare lentamente ad ebollizione. Schiumare frequentemente grasso e impurità. Unire poi la carne di manzo e salare leggermente.
- Tagliare a metà la cipolla con la pelle e arrostire la superficie di taglio in una padella.
- Dopo 1 ora di cottura del brodo aggiungere la cipolla arrostita, la carota pulita e lavata, il pomodoro, la gamba di sedano, il porro, la foglia d'alloro, i grani di pepe, lo spicchio d'aglio e lo stelo di prezzemolo.
- Continuare la cottura dolce per 1 ora.
- Filtrare il brodo attraverso una garza, togliere il grasso residuo e aggiustare di sale.

Gnocchi di semolino

- Lavorare a crema il burro ammorbidito, salare e aromatizzare con la noce moscata.
- Aggiungere lentamente l'uovo sbattuto e sempre mescolando con un cucchiaio in legno incorporare il semolino.
- Far riposare l'impasto al semolino per 15 minuti circa (non in frigo).
- Formare dei piccoli gnocchi con un cucchiaio e farli scivolare nell'acqua bollente. Cuocere lentamente coperto, infine servire nel brodo caldo con l'erba cipollina.

SUGGERIMENTI

1 *Per gli gnocchi al semolino usate sempre uova a temperatura ambiente*
2 *Nel brodo potete servire anche delle striscioline di verdura e di carne di manzo lessa.*
3 *Potete anche gratinare gli gnocchi di semolino cotti con della besciamella.*

Canederli allo speck e semolino

PER 4 PERSONE, 12 CANEDERLI CIRCA

Ingredienti

70 g	pane bianco raffermo o pane per canederli
50 g	speck
40 g	cipolla
1 C	olio
1/8 l	latte
1 C	burro
1 p.c.	noce moscata
1 p.	sale
50 g	semolino
1	uovo
1 C	prezzemolo, tagliato finemente

Altro

1 l	brodo di carne (vedi pag. 20)
	erba cipollina per servire

Impasto al semolino: 3 minuti circa
Canederli: 12 minuti circa

Preparazione

- Tagliare il pane a dadini.
- Tagliare lo speck e la cipolla a dadini piccoli e rosolarli nell'olio.
- Portare ad ebollizione il latte con il burro, la noce moscata e il sale, versarvi il semolino e cuocere per 3 minuti continuando a mescolare.
- Incorporare il pane, l'uovo e il prezzemolo all'impasto al semolino e speck.
- Far riposare l'impasto per i canederli per 15 minuti.

Ultimazione

- Formare piccoli canederli, cuocerli in acqua salata bollente e servirli in brodo con l'erba cipollina.

SUGGERIMENTI

1 *Nel brodo di questa pietanza potete anche servire delle striscioline di porro cotte.*

2 *Potete preparare i canederli al semolino anche senza speck.*

3 *Accompagnate i canederli al semolino e speck con un'insalata in foglia mista, un'insalata di cappuccio, delle patate o della rapa rossa in insalata.*

Gnocchi alle erbe in brodo di carne

PER 4 PERSONE, 12 CANEDERLI CIRCA

Ingredienti

40 g	pane da toast senza crostina
50 g	burro ammorbidito
1	uovo
2 C	erbe aromatiche come prezzemolo, erba cipollina, cerfoglio o maggiorana, tritate finemente
20 g	farina
	sale
1 p.	noce moscata

Altro

1 l	brodo di carne (vedi pag. 20)
	cerfoglio per guarnire

Preparazione

- Sbriciolare il pane da toast con le mani o con un macina-tutto.
- Lavorare a crema il burro ammorbidito.
- Mescolare insieme l'uovo, il prezzemolo, l'erba cipollina, il cerfoglio o la maggiorana, la farina ed il pane da toast sbriciolato.
- Salare l'impasto per gli gnocchi, aromatizzare con la noce moscata e poi mettere in fresco per 20 minuti circa.

Ultimazione

- Portare ad ebollizione dell'acqua salata.
- Formare degli gnocchetti omogenei con due cucchiaini da caffè inumiditi facendoli poi scivolare dal cucchiaio nel liquido bollente.
- Far cuocere semicoperto e servire in brodo di carne caldo con foglioline di cerfoglio.

Gnocchi alle erbe: 15 minuti circa

SUGGERIMENTI

1 *L'uovo e il burro devono essere assolutamente a temperatura ambiente.*

2 *Servite gli gnocchi alle erbe in una saporita zuppa di cipolla o con un'insalata in foglia oppure come accompagnamento a piatti di carne.*

3 *Al posto delle erbe potete usare anche delle nocciole o dei pistacchi grattugiati.*

Canederli di midollo

PER 4 PERSONE, 16 CANEDERLI CIRCA

Ingredienti

200 g	pane da toast senza crostina
150 g	midollo d'osso di vitello
50 g	burro ammorbidito
2	uova
1 C	prezzemolo, tritato finemente
1 C	cerfoglio, tritato finemente
20 g	farina
1 p.	noce moscata
	sale

Altro

1 l	brodo di carne (vedi pag. 20)
4 C	carote, sedano e porro, tagliati a striscioline e cotti
1 C	erba cipollina, tritata finemente

Canederli di midollo: 15 minuti circa

Preparazione

- Sbriciolare il pane da toast con le mani o con un macina-tutto.
- Far passare il midollo di vitello attraverso un colino da tee e mescolarlo a crema con il burro ammorbidito.
- Unire le uova, il prezzemolo, il cerfoglio, la farina ed il pane da toast sbriciolato mescolando.
- Aromatizzare l'impasto con la noce moscata e salare, poi mettere in fresco per 20 minuti circa.
- Portare ad ebollizione dell'acqua. Formare dei piccoli canederli omogenei con due cucchiaini da caffè inumiditi e farli scivolare dal cucchiaio nell'acqua bollente.
- Far cuocere semicoperto.

Ultimazione

- Mettere i canederli in un piatto fondo e irrorarli con del brodo di carne caldo.
- Servire con striscioline di verdura ed erba cipollina.

SUGGERIMENTI

1 *Mettere in acqua fredda il midollo per almeno 1 ora in modo che i coaguli di sangue si sciolgano.*

2 *Le uova, il midollo e il burro devono essere assolutamente a temperatura ambiente.*

3 *Potete servire i canederli di midollo come contorno per piatti di selvaggina e per piatti di carne di manzo.*

Canederli al fegato in brodo

PER 4 PERSONE, 16 CANEDERLI CIRCA

Ingredienti

120 g	pane bianco raffermo o pane per canederli
30 g	cipolla, tagliata finemente
30 g	burro
150 g	fegato di manzo o di vitello
50 g	grasso di rene di vitello
80 ml	latte
1	uovo
1 C	prezzemolo, tagliato finemente
1/2 c	maggiorana, tagliata finemente
1 p.c.	scorza di limone grattugiata
1	spicchio d'aglio, tritato finemente
	sale
	pepe appena macinato

Altro

1 l	brodo di carne (vedi pag. 20)
	erba cipollina per guarnire

Canederli al fegato: 20 minuti circa

Preparazione

- Tagliare il pane a dadini.
- Stufare la cipolla nel burro.
- Macinare finemente il fegato di manzo o vitello e il grasso di rene di vitello con la cipolla stufata nel burro.
- Mescolare al fegato il latte, l'uovo e gli aromi (prezzemolo, maggiorana, scorza di limone, aglio, sale e pepe).
- Unire questo composto al pane e mescolare bene.
- Mettere in fresco l'impasto così ottenuto, coperto per 30 minuti.

Ultimazione

- Formare con l'impasto dei canederli, cuocerli in acqua salata bollente semicoperti ed infine servirli nel brodo caldo con erba cipollina.

SUGGERIMENTI

1 *Servite i canederli al fegato con dell'insalata mista o dei crauti al posto del brodo.*

2 *Il fegato di vitello o manzo con il grasso di rene di vitello macinati si trovano in vendita già pronti.*

3 *Con questi canederli servite delle patate o del rafano in insalata.*

Canederli pressati in zuppa di cipolla

Per 4 persone, 8 canederli circa

Canederli pressati

150 g	pane bianco raffermo o pane per canederli
100 ml	latte
100 g	Graukäse (formaggio grigio) o Gorgonzola
2	uova
1 C	farina
2 C	erba cipollina o prezzemolo, tagliati finemente
	sale

Zuppa di cipolla

200 g	cipolla
30 ml	olio d'oliva
50 ml	vino bianco
1 l	brodo di carne (vedi pag. 20) oppure acqua
1/2	spicchio d'aglio
1	foglia d'alloro
1	rametto di timo
	sale
	pepe appena macinato

Altro burro per rosolare i canederli

anelli di cipolla fritti (vedi pag. 12), rafano grattugiato a filamenti ed erba cipollina,tagliata finemente, per guarnire

Zuppa di cipolla: 30 minuti circa
Canederli pressati: 8 minuti circa

Canederli pressati

- Tagliare il pane a dadini e metterli in una ciotola.
- Riscaldare il latte e sciogliervi la metà del Graukäse o del Gorgonzola.
- Sbriciolare o tagliare a dadini l'altra metà del formaggio.
- Unire il tutto con le uova, la farina, l'erba cipollina e il sale al pane per canederli.
- Impastare bene e poi far riposare per 15 minuti circa.
- Formare dei canederli tondi e poi pressarli con la mano.
- Riscaldare il burro in una padella e rosolare da entrambi i lati i canederli fino a che avranno un bel colore marroncino.

Zuppa di cipolla

- Pelare la cipolla, tagliarla a striscioline e dorarla nell'olio.
- Sfumare con il vino bianco e irrorare con il brodo di carne o l'acqua.
- Portare ad ebollizione la zuppa e aromatizzarla con l'aglio, l'alloro, il timo, il sale e il pepe.
- Far bollire il tutto.

Ultimazione

- Nel frattempo portare ad ebollizione abbondante acqua salata in una pentola e cuocervi i canederli pressati.
- Servire i canederli nella zuppa di cipolla calda con anelli di cipolla fritti, filamenti di rafano ed erba cipollina.

SUGGERIMENTI

1 *Servite i canederli pressati in brodo di carne, con dell'insalata mista o di rapa bianca.*

2 *Potete servire i canederli con un'insalata di rapa bianca o di cappucci stufati.*

Gnocchi di formaggio con zucca e formaggio di montagna

PER 4 PERSONE, 12 GNOCCHI CIRCA

Gnocchi di formaggio

150 g	pane bianco raffermo o pane per canederli
30 g	cipolla
20 g	burro
100 g	formaggio Graukäse (formaggio grigio), Tilster o formaggio di montagna
2	uova
80 ml	latte
100 g	ricotta d'affioramento
1 C	farina
	sale

Purea di zucca

2 C	porro bianco, tagliato a dadini
1 C	burro
400 g	zucca, sbucciata e tagliata a dadi
	sale e pepe
1 c	timo, tagliato finemente

Altro

40 g	formaggio di montagna, grattugiato grossolanamente
30 g	burro rosolato
2 C	prezzemolo fritto per guarnire

Gnocchi: 15 minuti circa
Zucca: 5 minuti circa

Gnocchi di formaggio

- Tagliare il pane a dadini.
- Pelare la cipolla, tagliarla fine e stufarla nel burro.
- Tagliare il formaggio a dadini e unirlo con la cipolla stufata al pane.
- Mescolare le uova al latte e con la ricotta unire al pane.
- Mescolare con la farina, salare, impastare bene e poi far riposare per 10 minuti.
- Formare degli gnocchi con le mani inumidite.
- Portare ad ebollizione abbondante acqua salata in una pentola e farvi cuocere gli gnocchi.

Purea di zucca

- Stufare il porro nel burro, unire i cubetti di zucca, aromatizzare con il sale, il pepe e il timo e stufare a fuoco dolce per 5 minuti.
- Mettere da parte la metà dei cubetti e pureizzare i rimanenti con il mixer a stelo.

Ultimazione

- Far sgocciolare bene gli gnocchi, disporli bene sul piatto con la purea e i cubetti di zucca infine cospargere con il formaggio di montagna. Irrorare con il burro rosolato e servire con il prezzemolo fritto.

SUGGERIMENTO

1 *Servite gli gnocchi al formaggio con un'insalata mista, di rucola, di cavolo o del cappuccio stufato.*
2 *Al posto della zucca potete accompagnare questo piatto anche con dei crauti, un'insalata di cetrioli o degli spinaci.*
3 *Per questa pietanza potete utilizzare anche resti di diversi formaggi.*
4 *Per il prezzemolo fritto, friggete brevemente in olio caldo le foglie lavate ed asciugate del prezzemolo.*

Soufflé ai canederli

PER 4 PERSONE

Impasto per soufflé

100 g	pane bianco raffermo o pane per canederli
30 g	cipolla
20 g	burro
80 g	formaggio di montagna stagionato o Tilsiter
3	tuorli d'uovo
50 ml	latte
2 C	ricotta
2 C	maggiorana, tagliata finemente
	sale
4	albumi d'uovo

Altro

	burro ammorbidito per ungere le forme
4	fette sottilissime di pane nero per foderare le forme

Burro al porro

200 g	porro, tagliato a striscioline
80 g	burro
	sale
100 g	gallinacci (finferli) saltati
	maggiorana per guarnire

180 gradi

Soufflè di canederli: 20 minuti circa

Impasto per soufflè

- Tagliare il pane a dadini.
- Pelare la cipolla, tagliarla sottile e stufarla nel burro.
- Tagliare anche il formaggio a dadini e unirlo al pane con la cipolla stufata.
- Mescolare i tuorli al latte e unirli al pane con la ricotta e la maggiorana.
- Aggiustare di sale e amalgamare bene, poi far riposare per 10 minuti.
- Montare gli albumi a neve e incorporarli all'impasto per canederli.
- Ungere le formine per soufflè con il burro e foderarle con le sottili fette di pane nero (il pane deve sporgere di 2 cm dalla formina).
- Riempire le formine foderate per ¾ con l'impasto per soufflè e cuocere in forno preriscaldato.

Burro al porro

- Stufare il porro nel burro, aggiustare di sale e unire i gallinacci saltati e la maggiorana mescolando.

Ultimazione

- Disporre il soufflè di canederlo sul burro al porro e servire.

SUGGERIMENTI

1 *Se congelate il filone di pane nero, potete tagliarlo con l'affettatrice ottenendo delle fette sottilissime.*

2 *Con l'impasto per soufflè potete riempire anche una formina senza fetta di pane, purché precedentemente unta e cosparsa di pangrattato.*

Canederli di patate farciti

PER 4 PERSONE, 12 CANEDERLI CIRCA

Pasta alle patate

400 g patate farinose
1 tuorlo
1 C burro fuso
120 g farina
sale

Farcia ai gallinacci (finferli)

½ cipolla, tagliata finemente
½ spicchio d'aglio, tritato finemente
50 ml olio d'oliva
300 g gallinacci (finferli), tagliati a dadini
1 c prezzemolo, tagliato finemente
sale
pepe appena macinato

Altro

200 g finocchio stufato, tagliato a striscioline
40 g burro rosolato
30 formaggio grana grattugiato
foglie di pimpinella per guarnire

Patate: 20 minuti circa
Canederli: 10 minuti circa

Pasta alle patate

- Pelare le patate, tagliarle a dadini di 2 x 2 cm e lessarle in acqua salata.
- Scolare e farle raffreddare un po' (in modo che siano più asciutte).
- Passare le patate nello schiacciapatate, impastarle con il tuorlo e il burro, infine far raffreddare per 10 minuti.
- Unire la farina e il sale ed impastare il tutto.

Farcia ai gallinacci

- Stufare la cipolla e l'aglio nell'olio d'oliva, aggiungere i gallinacci e stufare il tutto.
- Insaporire con il prezzemolo, il sale e il pepe, infine far raffreddare.

Ultimazione

- Stendere l'impasto alle patate in una sfoglia dello spessore di 1 cm e ottenere dei dischetti (6–7 cm Ø).
- Distribuire la farcia ai gallinacci sui dischetti di pasta alle patate e chiuderli formando dei canederli.
- Farli scivolare in acqua bollente salata e cuocerli.
- Servire i canederli sui finocchi stufati con burro rosolato, formaggio grana grattugiato e foglie di pimpinella.

SUGGERIMENTI

1 *Al posto della farcia ai gallinacci potete usare anche una farcia alle verdure, agli spinaci o ai crauti.*
2 *Potete servire i canederli su una salsa al formaggio oppure semplicemente solo con del formaggio di montagna e burro rosolato.*
3 *Accompagnate questa pietanza con diverse verdure o insalate in foglia.*

Canederli alle bietole su salsa al Gorgonzola

PER 4 PERSONE, 12 CANEDERLI CIRCA

Canederli alle bietole

150 g	pane bianco o nero (venostani) raffermo
60 g	cipolla
1	spicchio d'aglio
2 C	burro
200 g	foglie di bietola cotte
	sale
	pepe appena macinato
1 p.c.	noce moscata grattugiata
2	uova
50 ml	latte
30 g	Gorgonzola
1 C	farina

Salsa al Gorgonzola

100 g	Gorgonzola
100 ml	panna
	sale
	pepe appena macinato

Altro

30 g	formaggio grana
70 g	burro rosolato
	erbe aromatiche come cerfoglio, coriandolo e maggiorana

Canederli alle bietole

- Tagliare il pane a dadini.
- Pelare la cipolla e l'aglio, tagliarli finemente e stufare nel burro.
- Tritare finemente le foglie di bietola, unirle all'aglio e cipolla e insaporire con il sale, il pepe e la noce moscata grattugiata.
- Aggiungere le uova, il latte, il Gorgonzola e la farina al pane e mescolare energicamente.
- Far riposare coperto per 15 minuti circa.
- Formare dei canederli con le mani inumidite, farli scivolare nell'acqua salata bollente e cuocerli.

Salsa al Gorgonzola

- Portare ad ebollizione il Gorgonzola con la panna e mixare bene. Se il Gorgonzola fosse troppo dolce, aggiustare con sale e pepe.

Ultimazione

- Disporre i canederli alle bietole sulla salsa al Gorgonzola e servire con il formaggio grana (lunghe e fini lamelle di parmigiano), il burro rosolato e le erbe aromatiche.

Canederli alle bietole: 20 minuti circa

SUGGERIMENTI

1 *Servite questi canederli su dadini di pomodoro stufati.*

2 *Per ottenere 200 g di bietole cotte avete bisogno di una quantità doppia cruda.*

3 *Accompagnate i canederli alle bietole con un'insalata di rape rosse o di patate e rucola.*

4 *Al posto delle bietole potete usare anche degli spinaci, delle ortiche o del porro.*

Canederli alle rape rosse con salsa al Parmigiano

PER 4 PERSONE, 8 CANEDERLI CIRCA

Canederli alle rape rosse

120 g	pane bianco raffermo o pane per canederli
50 g	cipolla, tagliata finemente
20 g	burro
100 g	rape rosse cotte
2	uova
50 g	Graukäse (formaggio grigio) o Gorgonzola
20 g	farina
	sale
1 c	prezzemolo, tagliato finemente

Salsa al Parmigiano

100 ml	panna
50 g	Parmigiano
	sale
	pepe bianco appena macinato

Altro

100 g	striscioline di porro stufate nel burro
80 g	striscioline di rapa rossa cotta

Canederli: 15 minuti circa

Canederli alle rape rosse

- Tagliare il pane bianco a dadini.
- Stufare la cipolla nel burro e versarla sopra il pane.
- Pelare le rape rosse, tagliarle a pezzi poi pureizzarle con le uova nel mixer e versarle sopra il pane con il Graukäse o il Gorgonzola sbriciolati.
- Unire la farina, aromatizzare con il sale e il pepe, mescolare bene tutti gli ingredienti e poi far riposare l'impasto per 15 minuti.
- Formare con l'impasto dei canederli non troppo grandi e cuocerli in acqua salata.

Salsa al Parmigiano

- Portare ad ebollizione la panna, toglierla dal fuoco, unirvi il Parmigiano e mixare bene. Se è il caso aggiustare di sale e pepe.

Ultimazione

- Disporre i canederli sul porro stufato e servire con striscioline di rapa rossa e la salsa al Parmigiano.

SUGGERIMENTI

1 *Non lasciate i canederli per troppo tempo in acqua altrimenti perdono il colore.*

2 *I canederli alle rape rosse sono adatti anche come contorno per piatti a base di volatili o di selvaggina.*

Gnocchi di ricotta su crema agli spinaci

PER 4 PERSONE, 12 GNOCCHI CIRCA

Gnocchi di ricotta

60 g	pane da toast (5 fette)
50 g	burro ammorbidito
250 g	ricotta d'affioramento
2	uova
	sale
1 p.c.	noce moscata grattugiata
20 g	farina

Crema agli spinaci

50 g	burro
½	cipolla, tagliata finemente
1	spicchio d'aglio, tritato finemente
200 g	spinaci cotti e passati
50 ml	panna
	sale
	pepe appena macinato

Altro

50 g	formaggio grana grattugiato
1 C	dadini di pane tostati
80 g	burro rosolato

Gnocchi di ricotta: 10 minuti circa

Gnocchi di ricotta

- Privare il pane della crostina e mixare il pane nel tritatutto.
- Lavorare a crema il burro, unire la ricotta, incorporare uno alla volta le uova e aromatizzare con il sale e la noce moscata.
- Amalgamare il pane da toast sbriciolato e la farina con il cucchiaio di legno e poi far riposare in frigo per 20 minuti.
- Infine formare degli gnocchi con un cucchiaio.

Crema agli spinaci

- Far fonder il burro in una pentola e stufarvi la cipolla e l'aglio.
- Unire gli spinaci e la panna, portare il tutto ad ebollizione, insaporire con sale e pepe ed eventualmente mixare nuovamente la crema con il mixer a stelo.

Ultimazione

- Portare ad ebollizione abbondante acqua salata, salare, farci scivolare gli gnocchi di ricotta e cuocere semicoperto a fuoco dolce.
- Raccogliere gli gnocchi con una schiumarola e disporli in piatti singoli o da portata sulla crema agli spinaci.
- Cospargere gli gnocchi con formaggio grana grattugiato e servirli con dadini di pane e burro rosolato.

SUGGERIMENTI

1 *Fate prima una prova di cottura. Se l'impasto è troppo morbido aggiungetevi ancora un po' di pane da toast sbriciolato.*

2 *Al posto della crema agli spinaci servite dei dadini di pomodori stufati.*

3 *Potete usare anche della ricotta di capra o di bufala.*

4 *Per 200 g di spinaci passati e cotti avete bisogno di 400 g di spinaci freschi circa.*

Canederli agli spinaci

PER 4 PERSONE, 8 CANEDERLI CIRCA

Ingredienti

150 g	pane bianco raffermo o pane per canederli
60 g	cipolla
1	spicchi d'aglio
2 C	burro
200 g	spinaci in foglia cotti
	sale
	pepe appena macinato
1 p.c.	noce moscata macinata
2	uova
50 ml	latte
30 g	formaggio di montagna oppure Tilsiter, tagliato a dadini
1 C	farina

Altro

30 g	formaggio grana grattugiato
70 g	burro rosolato

Canederli di spinaci: 20 minuti circa

Preparazione

- Tagliare il pane a dadini.
- Pelare la cipolla e l'aglio, tagliarli finemente e stufarli nel burro.
- Tritare finemente gli spinaci in foglia, unirli all'aglio e cipolla ed aromatizzare con il sale, il pepe e la noce moscata grattugiata.
- Pureizzare gli spinaci con le uova in un mixer o in un tritatutto.
- Unire la purea di spinaci, il latte, i dadini di formaggio, la farina, il sale e il pepe al pane e mescolare energicamente.
- Far riposare coperto per 15 minuti circa.
- Nel frattempo portare ad ebollizione abbondante acqua in una pentola.
- Formare i canederli con le mani inumidite o con un cucchiaio, farli scivolare nell'acqua salata bollente e cuocerli.
- Mettere i canederli su piatti singoli o da portata e servirli con formaggio grana grattugiato e burro rosolato.

SUGGERIMENTI

1 *Con lo stesso impasto potete fare anche degli gnocchi di spinaci.*

2 *Servite i canederli con spesse lamelle di formaggio di montagna e burro dorato oppure su una delicata salsa alla panna con dadini di pomodoro stufati.*

3 *Per ottenere 200 g di spinaci in foglia cotti avete bisogno della quantità doppia cruda.*

4 *Potete preparare i canederli anche con delle ortiche o delle bietole cotte al posto degli spinaci.*

Canederli di grano saraceno

PER 4 PERSONE, 8 CANEDERLI CIRCA

Ingredienti

120 g	pane bianco raffermo o pane per canederli
80 g	porro, tagliato a dadini
1	spicchio d'aglio, tritato finemente
100 g	pancetta, tagliata a dadini
50 g	burro
100 ml	latte o acqua
2	uova
1 C	prezzemolo, tagliato finemente
100 g	farina di grano saraceno grossolana (polenta nera)
	sale

Insalata di rafano

200 g	rafano bianco
2 C	olio di vinaccioli o olio di semicoperta
1 C	aceto balsamico bianco o aceto di vino bianco
1 C	prezzemolo, tagliato
1 c	rafano piccante grattugiato
	sale
	pepe appena macinato

Altro	burro rosolato
	formaggio grana grattugiato per servire
	erba cipollina per servire

Canderli: 30 minuti circa

Canederli di grano saraceno

- Tagliare il pane a dadini.
- Stufare il porro, l'aglio e lo speck nel burro e aggiungere il tutto al pane.
- Unire il latte o l'acqua, le uova, il prezzemolo, la farina di grano saraceno e il sale al pane e mescolare bene il tutto.
- Far riposare l'impasto coperto al fresco per 30 minuti.
- Formare dei canederli e cuocerli in acqua salata bollente semicoperti.

Insalata di rafano

- Pelare il rafano e tagliarlo a striscioline.
- Mescolare l'olio di vinaccioli o di semi, l'aceto balsamico bianco o di vino bianco, il prezzemolo, il rafano piccante, il sale e il pepe con il rafano tagliato a striscioline.

Ultimazione

- Porre i canederli sull'insalata di rafano e servire con burro rosolato, formaggio grana grattugiato ed erba cipollina.

VARIAZIONE

Canederli di grano saraceno e formaggio: Questi canederli sono ottimi anche con un pezzo di Graukäse (formaggio grigio) o di Gorgonzola (ma senza speck) al centro (vedi foto a destra).

SUGGERIMENTI

1 *Servite questi canederli in brodo di carne, oppure con del gulasch o un'insalata di rapa bianca.*

2 *Al posto del pane bianco potete usare anche del pane nero.*

3 *Servite i canederli su una salsa al formaggio o su crauti.*

Arancini di riso

PER 4 PERSONE, 12 CANEDERLI CIRCA

Ingredienti

50 g	cipolla
2 C	olio
200 g	riso a chicco tondo (Arborio, Carnaroli o Vialone)
1	bustina di zafferano
40 ml	vino bianco
1 l	brodo di carne (vedi pag. 20) oppure acqua
2	tuorli
2 C	formaggio grana grattugiato
	sale
100 g	mozzarella, tagliata a dadini
	farina, uova e pangrattato per impanare

Salsa al pomodoro

½	cipolla (50 g)
½ kg	pomodori freschi o pomodori in scatola
2 C	olio d'oliva
1	spicchio d'aglio, tritato finemente
4	foglie di basilico
	sale, pepe appena macinato
2 C	burro

Altro olio per friggere
prezzemolo per guarnire
olio d'oliva per guarnire

Risotto: 18–20 minuti
Arancini: 3 minuti circa / 170 gradi
Salsa al pomodoro: 20 minuti circa

Preparazione

- Pelare la cipolla, tagliarla a dadini e stufarla nell'olio. Unire il riso e tostare brevemente.
- Sciogliere lo zafferano nel vino bianco e unire al riso, irrorare di tanto in tanto con il brodo di carne, mescolare spesso e far cuocere fino a che il riso sia pronto.
- Togliere il riso dal fuoco e farlo raffreddare un po'. Mantecare con i tuorli e il formaggio grana grattugiato, aggiustare di sale e far raffreddare per 15 minuti.
- Formare adesso con le mani inumidite delle palline, inserirvi la mozzarella e riformarle a canederlo.
- Passare i canederli nella farina, rigirarli poi nelle uova sbattute e infine nel pangrattato.

Salsa al pomodoro

- Pelare la cipolla e tagliarla a dadini.
- Lavare i pomodori, pelarli e tagliarli a pezzetti.
- Riscaldare leggermente l'olio d'oliva e stufare la cipolla e l'aglio.
- Unire i pomodori e il basilico, aromatizzare con il sale e il pepe e cuocere a fuoco dolce.
- Passare la salsa con il passaverdura e insaporire con il burro.

Ultimazione

- Friggere gli arancini in olio caldo, farli sgocciolare su carta da cucina e guarnire servendoli con la salsa al pomodoro, la cialda di Parmigiano (vedi suggerimento), il prezzemolo e l'olio d'oliva.

SUGGERIMENTO

Per la **cialda di Parmigiano** *spargere 4 cucchiai di Parmigiano in una padella antiaderente, far sciogliere dolcemente il formaggio, girarlo e terminare la cottura.*

Canederli alle erbe con spezzatino di vitello

PER 4 PERSONE, 12 CANEDERLI CIRCA

Canederli alle erbe

200 g	pane bianco raffermo o pane per canederli
50 g	cipolla
2 C	burro
2	uova
150 ml	latte
	sale e pepe
2 C	erbe aromatiche come prezzemolo, erba cipollina, cerfoglio o maggiorana, tagliate finemente
2 C	farina

Spezzatino di vitello

800 g	spalla di vitello
	sale e pepe
2 C	farina
50 ml	olio per arrostire
200 g	cipolla, tagliata a dadini
1 C	concentrato di pomodoro
60 ml	vino bianco
1 l	fondo di vitello, brodo di carne (vedi pag. 20) oppure acqua
50 ml	panna
1 c	aglio, cumino, maggiorana, scorza di limone

Altro	champignons stufati
	carotine dell'orto cotte
	rametti di rosmarino

Canederli: 15 minuti circa
Spezzatino: 1½–2 ore

Canederli alle erbe

- Tagliare il pane a dadini.
- Pelare la cipolla, tagliarla a dadini e dorarla nel burro.
- Sbattere le uova e il latte, salare e pepare e versarli con le erbe e la cipolla rosolata sul pane.
- Unire la farina e mescolare bene tutti gli ingredienti fino ad ottenere un impasto liscio e omogeneo. Far riposare per 10 minuti.
- Formare dei piccoli canederli con le mani inumidite e cuocerli in abbondante acqua salata e servire.

Spezzatino di vitello

- Tagliare la carne a pezzetti di 30 g ciascuno circa, salare, pepare e spolverizzare con la farina.
- Riscaldare l'olio in una pentola, arrostirvi la carne e poi toglierla dalla pentola. Rosolare leggermente la cipolla nella stessa pentola, unire il concentrato di pomodoro e continuare la cottura.
- Sfumare con un po' di vino bianco, unire la carne e continuare la cottura fino a che i succhi della carne siano evaporati.
- Sfumare ancora alcune volte con il vino bianco fino ad ottenere un bel colore marrone, irrorare poi con il fondo di vitello e stufare.
- Togliere la carne dalla pentola e tenerla in caldo.
- Versare la panna nella salsa rimasta e far ridurre fino a quando la salsa risulterà di una consistenza cremosa, non troppo densa. Mixare con il mixer a stelo e versare sulla carne.
- Tritare ora finemente l'aglio, il cumino, la maggiorana e la scorza di limone, unire alla carne e portare brevemente ad ebollizione.

Ultimazione

- Disporre lo spezzatino con i canederli alle erbe, gli champignons e le carotine dell'orto sul piatto e servire con il rosmarino.

Canederli ‹al tovagliolo› con gulasch di manzo

PER 4 PERSONE

Canederli «al tovagliolo»

200 g	pane bianco raffermo o pane per canederli
50 g	cipolla
2 C	olio
100 g	burro ammorbidito
2	uova
1	tuorlo
150 ml	latte
2 C	prezzemolo, tagliato finemente
	sale e pepe
2 C	farina

Gulasch di manzo

500 g	cipolla, tagliata a striscioline
4 C	olio per arrostire
800 g	carne di manzo (spalla), dadi di 40 g l'uno
2 C	concentrato di pomodoro
½ C	paprica dolce
⅛ l	vino rosso
1 c	aceto di vino bianco
2 l	acqua
1	foglia d'alloro
1 c	cumino, aglio, maggiorana, scorza di limone, tritati finemente
	sale
	pepe appena macinato

Altro	cerfoglio per guarnire
	cipolline glassate

Gulasch: 2 ½–3 ore
Canederli: 25–30 minuti

Canederli «al tovagliolo»

- Tagliare il pane a dadini.
- Pelare la cipolla, tagliarla a dadini e rosolarla bene nell'olio.
- Lavorare a crema il burro ammorbidito, aggiungere le uova ed il tuorlo e amalgamare bene.
- Unire il pane per canederli, la cipolla e il latte con il prezzemolo, il sale e il pepe alla crema al burro. Aggiungere la farina e mescolare bene tutti gli ingredienti fino ad ottenere un impasto liscio. Farlo poi riposare per 10 minuti.
- Mettere l'impasto per canederli su un tovagliolo di stoffa o della pellicola trasparente inumiditi e formare un rotolo di circa 4 cm di diametro. Chiudere il rotolo con dello spago da cucina e cuocere in acqua salata.

Gulasch di manzo

- Dorare le striscioline di cipolla nell'olio caldo.
- Spostate su un lato della pentola le striscioline di cipolla ed arrostite la carne nell'olio rimanente a fuoco vivo (oppure arrostirla separatamente in una padella), unire il concentrato di pomodoro e continuare brevemente la cottura.
- Spolverizzare con la paprica, sfumare con il vino rosso e l'aceto di vino bianco, far ridurre e salare.
- Irrorare di tanto in tanto con l'acqua, unire la foglia d'alloro e cuocere a fuoco lento. Se necessario aggiungere dell'altra acqua.
- Infine unire al gulasch il cumino, l'aglio, la maggiorana e la scorza di limone mescolando, aggiustare di sale e pepe e far cuocere ancora per 5 minuti.

Ultimazione

- Guarnire il gulasch con il cerfoglio e le cipolline.
- Togliere dall'acqua il canederlo «al tovagliolo», liberarlo dal suo involucro, tagliarlo a fette e servire.

Petto di vitello farcito con canederlo alle castagne

PER 4 PERSONE

Ingredienti

1	petto di vitello, 500 g circa
	sale
	pepe appena macinato
50 ml	olio per arrostire
200 g	carote, sedano e cipolla (verdure per fondo), tagliati a dadini
1	rametto di rosmarino
1	foglia di salvia
700 ml	brodo di carne (vedi pag. 20) o acqua
60 ml	vino bianco

Farcia

100 g	pane bianco raffermo o pane per canederli
1 C	burro
50 g	cipolla, tagliata finemente
50 ml	latte
1	uovo
	sale
	pepe appena macinato
100 g	castagne lessate, tagliate in quattro
100 g	noci, tagliate grossolanamente
1 C	prezzemolo, tagliato finemente
1 c	maggiorana, tagliata finemente

Altro

1 c	amido per alimenti
1 C	burro per la salsa

180 gradi

Petto di vitello: 1–1½ ora

Preparazione

- Disossare il petto di vitello, poi con un coltello incidere nel centro del petto una tasca e allargarla con la mano.

Farcia

- Tagliare il pane a dadini.
- Sciogliere il burro e stufarvi la cipolla.
- Sbattere il latte, l'uovo con sale e pepe e versare sopra il pane.
- Unire le castagne, le noci, il prezzemolo, la maggiorana, la cipolla stufata e mescolare.
- Poi far riposare l'impasto per un po'.

Ultimazione

- Farcire il petto di vitello con l'impasto per canederli, ricucire il petto o chiuderlo con uno spiedino in legno.
- Salare e pepare il petto ed arrostirlo in una padella calda con dell'olio. Unire le verdure da fondo, il rametto di rosmarino e la salvia.
- Arrostire poi in forno preriscaldato fino a che sulla superficie si sia formata una crostina croccante. Di tanto in tanto irrorare con brodo di carne o acqua caldi e vino bianco.
- Quando il petto di vitello è cotto, toglierlo dal forno ed irrorarlo con il brodo rimasto.
- Filtrare il sugo dell'arrosto e farlo ridurre un po' (10 minuti circa). Legare eventualmente la salsa con dell'amido per alimenti disciolto in un po' d'acqua fredda, incorporare poi il burro freddo e servire con il petto di vitello tagliato a fette.

Rosticciata di canederli e funghi

PER 4 PERSONE

Ingredienti

	canederli al tovagliolo (vedi pag. 52) o canederli allo speck (vedi pag. 14)
200 g	funghi porcini freschi
30 ml	olio
1	cipolla, tagliata finemente
60 g	burro
1 C	prezzemolo, tagliato finemente
1 c	maggiorana, tagliata finemente
1 C	erba cipollina, tagliata finemente
	sale
	pepe appena macinato

Rosticciata: 10 minuti circa

Preparazione

- Tagliare a fette dei canederli al tovagliolo o allo speck cotti e raffreddati.
- Pulire i funghi porcini e tagliarli a loro volta a fette.

Ultimazione

- Riscaldare l'olio in una padella antiaderente e arrostirvi le fette di canederlo. Unire la cipolla e continuare la cottura.
- Arrostire le fette di fungo porcino in una padella separata, salare e unirle ai canederli.
- Abbassare la fiamma, aggiungere il burro, aromatizzare con il prezzemolo, la maggiorana, l'erba cipollina, il sale e il pepe ed infine servire.

SUGGERIMENTI

1 *Potete unire alla rosticciata anche delle striscioline di speck arrostite.*

2 *Accompagnate la rosticciata con un'insalata di cappuccio e speck o un'insalata mista.*

3 *Potete usare anche altri tipi di fungo come gallinacci, champignons oppure shiitake.*

4 *Questa pietanza è anche molto adatta come contorno per piatti a base di carne.*

Canederli alle rosette

PER 4 PERSONE, 8 CANEDERLI CIRCA

Ingredienti

200 g	rosette rafferme o pane da canederli
50 g	cipolla
2 C	burro
2	uova
150 ml	latte
	sale
	pepe appena macinato
2 C	prezzemolo, tagliato finemente
2 C	farina
Altro	erba cipollina per servire

Canederli: 12–15 minuti circa

Preparazione

- Tagliare le rosette a dadi.
- Pelare la cipolla, tagliarla a dadini e stufare nel burro fino a che avrà un bel colore marroncino.
- Sbattere le uova ed il latte, salare e pepare e versarli sul pane unitamente al prezzemolo e alle cipolle stufate.
- Aggiungere la farina e mescolare tutti gli ingredienti fino ad ottenere un impasto liscio.
- Far riposare per 10 minuti.
- Formare dei piccoli canederli con le mani inumidite e cuocerli in abbondante acqua salata a fuoco molto dolce, cospargerli con l'erba cipollina e servire.

VARIAZIONE

Canederli alle erbe: Unite all'impasto per i canederli alle rosette 1 C di erba cipollina, 1 C di maggiorana, 1 C di basilico e 1 C d'aglio orsino – il tutto tagliato finemente.

SUGGERIMENTI

1 *L'impasto non deve risultare troppo morbido al momento di formare i canederli, altrimenti non supereranno la cottura sciogliendosi. Fate quindi prima una prova di cottura. Se l'impasto dovesse risultare troppo morbido amalgamatevi altra farina.*

2 *Se volete preparare i canederli senza farina, dovete mescolare l'impasto con forza fino a quando il canederlo formerà una superficie leggermente cremosa e liscia.*

3 *Per dare ai canederli un sapore ancora migliore, potete tostare il pane in una padella con un po' di burro.*

4 *I canederli alle rosette potete cuocerli anche al vapore.*

5 *Quanto più il pane è raffermo e asciutto, tanto più latte è necessario.*

6 *I canederli alle rosette vengono serviti come contorno per un arrosto di maiale, carne affumicata, spezzatini, gulasch, piatti di selvaggina e anche per gallinacci o porcini in salsa alla panna.*

Canederli alle albicocche con ripieno di marzapane

PER 4 PERSONE, 8 CANEDERLI CIRCA

Impasto alla ricotta

300 g	ricotta d'affioramento asciutta
80 g	burro
20 g	zucchero
1 b.	zucchero vanigliato
1 p.	sale
2	uova
100 g	farina

Albicocche

8	piccole albicocche
80 g	marzapane grezzo per il ripieno

Altro

50 g	burro
100 g	pangrattato bianco o dolce
2 C	zucchero
½ c	cannella
50 g	burro da fondere
	salsa alla vaniglia
4	fiori di lavanda

Canederli: 15 minuti circa

Preparazione

- Mettere la ricotta in una garza ed asciugarla picchiettando.

Impasto alla ricotta

- Lavorare a crema il burro ammorbidito, lo zucchero, lo zucchero vanigliato e il sale. Incorporare le uova, la ricotta e la farina.
- Far riposare l'impasto coperto in frigo per 15 minuti circa.

Albicocche

- Lavare le albicocche, asciugarle, inciderle senza tagliarle completamente, denocciolarle e riempirle con 10 g di marzapane grezzo ciascuna.

Ultimazione

- Stendere l'impasto alla ricotta allo spessore di 1 cm e ritagliarne otto rettangolini.
- Mettere le albicocche ripiene sui rettangolini di pasta alla ricotta, richiuderli bene e formare dei canederli. Cuocerli in acqua salata per 15 minuti circa a fuoco molto dolce.
- Sciogliere il burro e tostarvi leggermente il pangrattato.
- Togliere i canederli alle albicocche dall'acqua, farli sgocciolare bene, poi passarli nel pangrattato tostato, cospargerli con un misto di zucchero e cannella ed irrorarli con il burro fuso.
- Disporre sul piatto con la salsa alla vaniglia e il fiore di lavanda ed infine servire.

SUGGERIMENTI

1 *Al posto delle albicocche potete usare anche delle prugne o delle fragole.*

2 *Accompagnate questi canederli con uno zabaione all'amaretto o una salsa al mascarpone.*

3 *Al posto del ripieno al marzapane potete farcire le albicocche anche con una crema alle nocciole o della marmellata alle albicocche.*

4 *Accompagnate questa pietanza con un gelato alla vaniglia.*

Canederli di Mozart

PER 4 PERSONE, 8 CANEDERLI CIRCA

Impasto

50 g	burro
50 g	zucchero a velo
1 b.	zucchero vanigliato
1 p.c.	scorza di limone grattugiata
1 C	rum
1 p.	sale
2	uova
400 g	ricotta
150 g	pane da toast grattato

Ripieno

100 g	cioccolato al gianduia

Altro

1 b.	zucchero vanigliato
1	pezzo di scorza di limone
	sale per cucinare
100 g	pangrattato bianco
40 g	burro
50 g	pistacchi tritati
80 g	zucchero
	zucchero a velo per spolverizzare
	lamponi per guarnire
	menta per guarnire
	miele per guarnire

Canederli: 8 minuti circa

Impasto

- Lavorare a crema con la frusta a mano o elettrica il burro ammorbidito con lo zucchero a velo, lo zucchero vanigliato, la scorza di limone, il rum, il sale.
- Incorporare le uova e la ricotta e continuare a mescolare.
- Alla fine unire il pane da toast grattato sempre mescolando.
- Mettere in frigo l'impasto coperto per ½ ora circa.

Ultimazione

- Dividere l'impasto alla ricotta in 12 pezzi, pressarli leggermente e adagiare al centro di ognuno un pezzo di cioccolato al gianduia, richiudere bene e formare dei canederli.
- Portare ad ebollizione dell'acqua con lo zucchero vanigliato, la scorza di limone, il sale e cuocervi i canederli.
- Tostare leggermente il pangrattato bianco nel burro, mescolare con i pistacchi e lo zucchero e passarci i canederli.
- Spolverizzare con lo zucchero a velo e servire con i lamponi, la menta ed il miele.

VARIAZIONE

Canederli di papavero e ricotta: far bollire 25 g di papavero con 25 g di miele e 25 ml di latte fino a che il liquido sia evaporato. Farcite i canederli con questo ripieno raffreddato al posto del cioccolato al gianduia.

SUGGERIMENTI

1 *Per il pane da toast grattato, privatelo della crosticina e mixatelo nel tritatutto fino ad ottenere delle fini briciolíne.*

2 *Al posto dei lamponi potete accompagnare questi canederli anche con delle fragole, filetti d'arancia o ananas caramellato.*

Canederli al semolino

PER 4 PERSONE, 12 CANEDERLI CIRCA

Canederli al semolino

½ l	latte
120 g	burro
40 g	zucchero
	sale
1 p.c.	scorza d'arancia grattugiata
½	baccello di vaniglia o 1 bustina di zucchero vanigliato
140 g	semolino di frumento
50 g	uvetta
2 C	liquore all'arancia o rum
2	uova
1	tuorlo d'uovo

Composta d'albicocche

12	piccole albicocche
200 ml	acqua
50 g	zucchero
1 c	succo di limone
½	baccello di vaniglia
1 p.c.	fecola di patate

Altro	cannella, zucchero e pangrattato per spolverizzare
	menta per servire

Impasto: 10 minuti circa
Canederli: 15 minuti circa
Composta: 4 minuti circa

Canederli al semolino

- Mettere il burro, lo zucchero, il sale, la scorza d'arancia ed il baccello di vaniglia in una pentola e portare ad ebollizione. Raschiare l'interno del baccello e rimettere il midollo nel latte.
- Versare lentamente il semolino nel latte bollente continuando a mescolare con una frusta.
- Unire l'uvetta e il liquore all'arancia o il rum al semolino e continuare la cottura per 10 minuti a fuoco basso.
- Far raffreddare il semolino fino alla temperatura di 70 gradi circa, poi amalgamare le uova ed il tuorlo e mettere in frigo per 15 minuti.
- Formare dei canederli con un porzionatore per palline di gelato o un cucchiaio e cuocerli in acqua salata bollente per 15 minuti a fuoco dolce.

Composta d'albicocche

- Tagliare a metà le albicocche e snocciolarle.
- Portare ad ebollizione l'acqua con lo zucchero, il succo di limone e il baccello di vaniglia.
- Unirci l'amido disciolto in 2 cucchiai d'acqua e portare ad ebollizione.
- Immergervi le mezze albicocche, riportare ad ebollizione, lasciare poi in infusione ed infine far raffreddare.

Ultimazione

- Disporre i canederli sui piatti, spolverizzarli con la cannella, un po' di zucchero e pangrattato e servire con la composta d'albicocche e la menta.

SUGGERIMENTI

1. *Potete servire questi canederli anche con filetti d'arancia, composta di rabarbaro, salse di frutta, gelato alla malaga ed altro.*
2. *Potete anche farcire i canederli con un pezzetto di cioccolato fondente o al gianduia.*
3. *Accompagnate questa pietanza con una salsa alla cannella o alla vaniglia.*

Canederli alle mele del Sudtirolo

PER 4 PERSONE, 16 CANEDERLI CIRCA

Canederli alle mele

- 150 g dadini di mele
- 1 C burro
- 50 g mandorle grattugiate
- 50 g pangrattato (di pane o dolci)
- 1/2 b. zucchero vanigliato
- 1/2 p.c. cannella
- 1 c rum
- 1 p.c. scorza di limone grattugiata
- 1 C succo di limone
- 1 tuorlo
- 1 albume
- 1 c zucchero in base alla dolcezza delle mele

Altro

- 250 g fragole
- 1 C zucchero
- olio per friggere
- menta piperita per guarnire
- 1 C yogurt

160 Grad

Canederli alle mele: 3 minuti circa

Canederli alle mele

- Stufare brevemente i dadini di mela nel burro.
- Unire le mandorle, il pangrattato, lo zucchero vanigliato, la cannella, il rum, la scorza di limone, il succo di limone ed il tuorlo.
- Montare a neve l'albume con lo zucchero e amalgamarlo all'impasto alle mele.
- Far riposare l'impasto per canederli per 15 minuti circa, poi formare dei piccoli canederli.

Ultimazione

- Pulire le fragole, lavarle rapidamente e farle asciugare su carta da cucina.
- Mixare 100 g circa di fragole con lo zucchero. Tagliare a spicchi le fragole rimanenti.
- Preriscaldare l'olio per friggere a 160 gradi, friggere i canederli nell'olio caldo per 3 minuti circa e disporli sul piatto.
- Disporvi le fragole attorno e farvi sgocciolare a filo la salsa alle fragole. Guarnire con la menta piperita e lo yogurt, infine servire.

SUGGERIMENTI

1 *Con questi canederli – a seconda della stagione – stanno bene anche delle salse di mele, pere, arance, albicocche, vaniglia, mascarpone, caramello, cannella, vino bianco o una schiuma di vin brulè.*

2 *Guarniture adatte sono anche degli spicchi di mela caramellati, delle prugne stufate, una composta di pere o di arance, della panna alla cannella ecc.*

3 *Al posto delle mandorle potete usare anche delle nocciole.*

Canederli alla ricotta su frutti al miele

PER 4 PERSONE, 8 CANEDERLI CIRCA

Impasto

200 g	ricotta d'affioramento asciutta
40 g	burro
1 b.	zucchero vanigliato
1 p.c.	scorza di limone grattugiata
1 p.	sale
2	uova
1 C	farina
100 g	pane bianco o da toast senza crosta

Frutti al miele

3	arance
2	mele
2 C	miele
4 C	Grand Marnier

Altro

50 g	pangrattato bianco
50 g	burro
50 g	zucchero
1 c	cannella
	anice stellata e melissa per guarnire

Canederli: 10 minuti circa
Frutti di miele: 3 minuti circa

Preparazione

- Mettere la ricotta in una garza ed asciugarla bene picchiettando.
- Mixare finemente in un tritatutto il pane bianco o da toast senza crosta.

Impasto

- Lavorare a crema il burro ammorbidito, lo zucchero vanigliato, la scorza di limone e il sale.
- Unire la ricotta, le uova, la farina ed infine amalgamare il pangrattato sempre mescolando.
- Mettere l'impasto alla ricotta per 1 ora circa in frigo.
- Formare dei canederli con un porzionatore per gelato o degli gnocchi con un cucchiaio e cuocerli in acqua salata.

Frutti al miele

- Mondare le arance con un coltello ottenendo dei filetti.
- Tagliare a spicchi le mele.
- Riscaldare il miele in una padella, unire il Grand Marnier, i filetti d'arancia, gli spicchi d'arancia e cuocere roteando la padella. Lasciare poi insaporire fuori dal fuoco per 3 minuti circa.

Ultimazione

- Tostare il pangrattato nel burro, mescolare con lo zucchero e la cannella e passarci i canederli.
- Disporre i canederli sui frutti al miele e servire con un po' di anice stellato o della melissa.

SUGGERIMENTI

1 *Al posto delle arance potete usare anche delle mele, banane o ananas.*
2 *Potete passare i canederli anche nei semi di papavero o in panpepato macinato.*
3 *Accompagnate questi canederli con una salsa alla vaniglia o uno zabaione al vino bianco.*

Canederli integrali ai fichi con croccante alle mandorle

Per 4 persone, 8 canederli circa

Pasta alla ricotta

400 g	ricotta d'affioramento asciutta
80 g	burro
4	tuorli
1 b.	zucchero vanigliato
1 p.c.	scorza di limone grattugiata
1 p.	sale
180 g	farina integrale di farro

Croccante alle mandorle

100 g	mandorle sbucciate
	zucchero a velo per spolverizzare
	composta di frutti di sambuco
	melissa per guarnire

Canederli: 15 minuti circa

Preparazione

- Mettere la ricotta in una garza ed asciugarla bene picchiettando.

Impasto alla ricotta

- Mescolare il burro ammorbidito con i tuorli, unire poi la ricotta, lo zucchero vanigliato, la scorza di limone, il sale e la farina integrale di farro continuando a mescolare fino ad ottenere una pasta.
- Far riposare l'impasto in frigo per 1 ora circa.

Croccante alle mandorle

- Tostare le mandorle in un padella con lo zucchero a velo, unire un po' di cannella, far raffreddare e macinare finemente.

Ultimazione

- Stendere la pasta alla ricotta allo spessore di ½ cm e tagliarla in otto quadrati della stessa grandezza.
- Pelare i fichi e tenerli da parte.
- Avvolgere ora i fichi con i quadrati di pasta alla ricotta, richiudere bene e formare dei piccoli canederli.
- Cuocere i canederli in abbondante acqua salata. Poi passare i canederli nel croccante alle mandorle.
- Spolverizzare con lo zucchero a velo e servire con la composta di frutti di sambuco e la melissa.

SUGGERIMENTI

1. *Al posto dei fichi potete usare anche delle prugne, fragole, albicocche o delle banane.*
2. *Al posto della composta di frutti di sambuco, servite dei lamponi marinati o frutti al miele (vedi pag. 68).*
3. *Al posto della farina integrale di farro potete usare anche della farina di kamut o della farina di grano saraceno.*
4. *Accompagnate questi canederli con uno zabaione al porto.*

Canederli alle fragole e cioccolato con fiocchi di cocco

PER 4 PERSONE, 8 CANEDERLI CIRCA

Pasta alle patate

400 g	patate farinose
1	tuorlo
1 C	burro fuso
100 g	farina
1 C	cacao in polvere
	sale

Ripieno

8	fragole
100 g	cioccolata bianca

Altro

100 g	fiocchi di cocco per ricoprire
2 C	zucchero per ricoprire
100 g	ragù di fragole per guarnire
	foglioline di melissa per guarnire

Patate: 20 minuti circa
Canederli: 10 minuti circa

Pasta alle patate

- Pelare le patate, tagliarle a dadi di cm 2 x 2 e lessarle in acqua salata.
- Scolare e farle raffreddare un po' (in modo che siano più asciutte).
- Passare le patate nello schiacciapatate, impastarle con il tuorlo e il burro e poi farle raffreddare per 10 minuti.
- Impastare la farina, il cacao in polvere e il sale con le patate.

Ripieno

- Lavare le fragole, asciugarle, immergerle nella cioccolata bianca fusa, appoggiarle su un piatto ricoperto con carta da forno e mettere in frigo.

Ultimazione

- Stendere la pasta alle patate e tagliarla in otto quadrati della stessa grandezza.
- Avvolgere ora le fragole con i quadrati di pasta, richiudere bene e formare dei canederli.
- Cuocere i canederli in abbondante acqua salata.
- Mescolare i fiocchi di cocco con lo zucchero, passarci i canederli e servire con il ragù di fragole e le foglioline di melissa.

SUGGERIMENTI

1 *Al posto delle fragole potete utilizzare delle albicocche, dei lamponi o delle banane.*
2 *Al posto dei fiocchi di cocco potete utilizzare anche delle nocciole o dei pistacchi macinati.*
3 *Accompagnate questi canederli con una salsa allo yogurt.*

Canederli alle prugne

PER 4 PERSONE, 8 CANEDERLI CIRCA

Pasta alle patate

400 g	patate farinose
1	tuorlo
1 C	burro fuso
120 g	farina
	sale

Canederli

8	prugne
4	zollette di zucchero
50 g	zucchero
1 c	cannella
100 g	pangrattato bianco tostato

Panna alla cannella

100 ml	panna
1 c	cannella
1 C	miele

Altro melissa per guarnire
zucchero a velo per guarnire

Patate: 20 minuti circa
Canederli: 10 minuti circa

Pasta alle patate

- Pelare le patate, tagliarle a dadi di cm 2 x 2 e lessarle in acqua salata per 20 minuti circa. Scolare e farle raffreddare un po' (in modo che siano più asciutte).
- Passare le patate nello schiacciapatate, impastarle con il tuorlo e il burro e poi farle raffreddare per 15 minuti.
- Impastare la farina e il sale con le patate.

Canederli

- Stendere la pasta alle patate e tagliarla in otto quadrati della stessa grandezza.
- Lavare le prugne, togliere il nocciolo, sostituirlo con ½ zolletta di zucchero.
- Avvolgere ora le prugne con i quadrati di pasta, richiudere bene e formare dei canederli.
- Cuocere i canederli in abbondante acqua salata.
- Mescolare lo zucchero, la cannella e il pangrattato bianco e passarci i canederli.

Panna alla cannella

- Sbattere leggermente la panna e mescolarla con la cannella e il miele.

Ultimazione

- Disporre i canederli sulla panna alla cannella e servire con la melissa e lo zucchero a velo.

SUGGERIMENTI

1 *Al posto delle prugne potete usare delle albicocche, delle fragole o dei fichi.*
2 *Accompagnate questi canederli con una salsa alle noci, una panna al rum, una salsa alla vaniglia, alla cannella o alle fragole.*
3 *Potete servirli con del gelato alla vaniglia.*
4 *Potete anche semplicemente irrorare i canederli con del burro fuso.*

Canederli lievitati

PER 4 PERSONE,
4 CANEDERLI CIRCA

Pasta

6 g	lievito
60 ml	latte tiepido
1 C	zucchero
125 g	farina
2 C	burro fuso
1	uovo
1 p.	sale

Altro	farina per spolverizzare
60 g	marmellata di prugne o di ciliegie
40 g	papavero macinato finemente
40 g	zucchero a velo
70 g	burro fuso

Canederli: 15 minuti circa

Pasta

- Per il lievito innesto, sciogliere il lievito nel latte tiepido, aggiungere lo zucchero e mescolare.
- Spolverizzare con un po' di farina e far lievitare coperto in un luogo caldo fino a quando il volume sia quasi raddoppiato.
- Unire il burro fuso, la farina restante come pure l'uovo e il sale e lavorare il tutto fino ad ottenere un impasto liscio.
- Far lievitare coperto per altri 20 minuti.
- Stendere la pasta su una superficie infarinata fino a raggiungere lo spessore di 5 mm.
- Con una formina tonda, ritagliare dei dischetti di pasta da 8 cm circa.
- Mettere un po' di marmellata di prugne al centro di ogni dischetto di pasta, inumidire eventualmente i bordi e ricoprire con un altro pezzo di pasta.
- Adagiare su un'asse cosparsa di farina e far lievitare coperto per altri 15 minuti.

Ultimazione

- Portare ad ebollizione acqua salata in una grande pentola (i canederli hanno bisogno di molto spazio per lievitare) e immergervi i canederli. Riportare ad ebollizione e fuoco vivace e poi badando che il coperchio sia ben chiuso lasciarli nell'acqua calda.
- Dopo circa 10 minuti girare i canederli e terminare la cottura lasciandoli altri 5 minuti nell'acqua a coperchio chiuso.
- Toglierli dall'acqua e bucherellarli subito più volte con un grosso ago o uno stuzzicadenti per impedire che il canederlo si affloschi. Mettere sul piatto o vassoio.
- Mescolare il papavero e lo zucchero a velo, cospargervi i canederli e servire subito con burro fuso fatto cadere a filo.

SUGGERIMENTI

1 *Fate attenzione a che tutti gli ingredienti usati siano a temperatura ambiente, altrimenti la pasta lievitata non lievita correttamente.*

2 *Accompagnate il canederlo lievitato con una salsa alla vaniglia o alla cannella.*

Piccolo dizionario gastronomico

Termini gastronomici specifici

Cucinare è un'arte che possiede un proprio linguaggio. Gran parte di esso è chiaro solo per cuochi esperti, tuttavia i concetti fondamentali dovrebbero essere conosciuti anche da chi è alle prime armi.

cuocere a vapore	metodo di cottura delicato su vapore
fondere	sciogliere delicatamente (per lo più burro)
Graukäse	formaggio grigio di malga, piccante, dal profumo intenso
nougat	dolce a base di nocciole e zucchero caramellato
portare ad ebollizione	portare al punto d'ebollizione (proseguire la cottura solo se richiesto dalla ricetta)
sbattere	mescolare, emulsionare l'uovo intero (albume e tuorlo) con una forchetta
sbiancare	immergere brevemente in acqua bollente
scottare	arrostire brevemente in olio caldo senza far prendere molto colore
sobbollire	cuocere in un liquido leggermente al di sotto del punto d'ebollizione
stufare	cuocere a fuoco lento in un recipiente coperto

Registro

Le pagine indicate in rosso si riferiscono alle ricette. Quelle in **grassetto** sono tratte dalla «piccola enciclopedia».